잠벽의 모든 것

illustration+storia('역사'의 이탈리아어)의 합성어로,
우리와 세계 모든 이들이 함께 이룩한 역사가 일러스트를 만나 태어난, 알기 쉬운 역사 교양 시리즈입니다.

인류가 만든 차단과 분리의 역사
장벽의 모든 것

illustoria 008

초판 1쇄 인쇄 2024년 7월 10일
초판 1쇄 발행 2024년 7월 20일
지은이   기획집단 MOIM
그린이   신병근
함께 그린이   이잎새, 박보은
펴낸이   김연희

펴 낸 곳   그림씨
출판등록   2016년 10월 25일(제406-251002016000136호)
주   소   경기도 파주시 광인사길 217(파주출판도시)
전   화   (031)955-7525
팩   스   (031)955-7469
이 메 일   grimmsi@hanmail.net

ISBN 979-11-89231-57-6 03300

인류가 만든 차단과 분리의 역사

장벽의 모든 것

기획집단 MOIM 글 · 신병근 그림

그림씨

"인간은 너무 많은 벽을 세우나,
다리는 충분히 만들지 않는다."
– 아이작 뉴턴

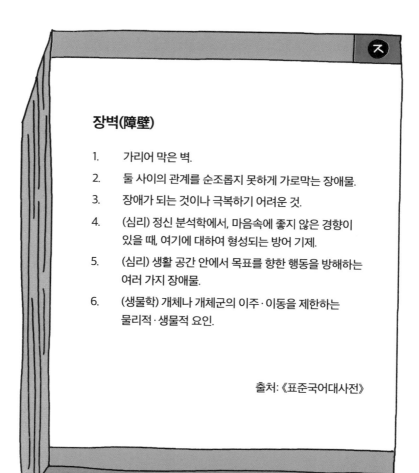

장벽(障壁)

1. 가리어 막은 벽.

2. 둘 사이의 관계를 순조롭지 못하게 가로막는 장애물.

3. 장애가 되는 것이나 극복하기 어려운 것.

4. (심리) 정신 분석학에서, 마음속에 좋지 않은 경향이 있을 때, 여기에 대하여 형성되는 방어 기제.

5. (심리) 생활 공간 안에서 목표를 향한 행동을 방해하는 여러 가지 장애물.

6. (생물학) 개체나 개체군의 이주·이동을 제한하는 물리적·생물적 요인.

출처:《표준국어대사전》

1부

적을 막기 위한 장애물

성을 쌓다

'장벽' 하면 무엇이 떠오르나요?

장벽은 앞을 가로막는 물리적인 존재인데, 긍정적인 의미로는 거의 쓰지

않습니다. 그러다 보니 물리적 존재를 넘어 심리적인 의미로도

자주 사용합니다.

심리적이나, 생물학적인 장벽은 의도적으로 만든 것이 아닙니다.

그 누구도 원치 않지만 어쩔 수 없이 생긴 것이죠.

하지만 눈에 보이는 물리적인 장벽은 상대방을 곤경에 빠뜨리기 위해
세웁니다. 부정적인 존재임을 알기 때문에 일부러 쌓은 것이죠.
인간은 자신들의 필요에 따라 오래전부터 장벽을 쌓아 왔습니다.
이러한 장벽들 가운데 대표적인 것이 바로 성(城, castle)입니다.
성은 '적을 막기 위하여 흙이나 돌 따위로 높이 쌓아 만든 담' 또는
'그 담으로 둘러싼 구역'을 가리킵니다.
성을 쌓는 이유는 단 하나, 적으로부터 자신을 보호하기 위해서죠.
오래전, 그러니까 높은 장벽을 극복할 무기가 없던 시절에는 성을 쌓는 게
적의 공격을 막는 가장 효과적인 수단이었습니다.

트로이 성처럼 계략을 세워 함락시킨 경우가 있으나,

대부분 성은 함락시키기가 무척 어려웠죠.

성이 적을 막는 효과적인 수단임을 깨달은 인류는,

성보다 더 거대한 장벽을 세우기도 하였습니다.

만리장성(萬里長城)은 기원전 700년 무렵, 고대 중국에서 처음 세우기
시작했습니다.

그 무렵 중국 곳곳에 있던 나라들은 북쪽 오랑캐를 막기 위해
자신들 영토에 장벽을 세웠죠.

기원전 221년, 중국을 처음 통일한 진시황(秦始皇, 기원전 259-기원전
210)은 곳곳에 서 있던 성벽을 잇는 대규모 공사를 벌였고, 그 결과
'만리장성'이라고 부르는 거대한 장벽이 탄생한 것입니다.

그 후에도 계속 추가해서 건설하여, 한나라(기원전 202-기원후 220) 때에는
총 길이가 6,000km에 달했습니다. 하지만 그게 다가 아니었습니다.

명나라(1368-1644) 때에도 만리장성을 새로 쌓았는데, 오늘날 우리가
관광하는 만리장성이 바로 그것입니다.

이런 방어를 위한 장벽은 동양에만 있는 것은 아닙니다.

오늘날 영국에는 '하드리아누스 방벽(Hadrian's Wall)'이 전하는데, 2세기 초,

로마의 하드리아누스 황제(Publius Aelius Hadrianus, 76~138)가 로마제국

영토였던 이 지역을 북부 이민족으로부터 지키기 위해 세운 것입니다.

총 길이는 약 120km에 달하고, 최대 높이는 약 7m였습니다.

로마가 이 지역에서 물러난 뒤에는, 스코틀랜드의 침입을 막기 위해

사용하였죠.

한반도에서도 북쪽 오랑캐의 공격을 막기 위해

거대한 장벽을 쌓은 역사가 있습니다.

1014년, 고려 현종(顯宗, 992-1031)은 동북쪽 여진족, 그리고 서북쪽

거란족의 침략을 방어하기 위해 성곽을 건설하기 시작했습니다.

그 후 1033년 무렵부터는, 이 성곽들을 연결하는 장벽을 쌓기 시작했죠.

이렇게 축조한 성벽을 가리켜 '천리장성(千里長城)'이라고 부르는데,

총 길이가 천 리에 이른다고 해서 붙은 이름입니다.

천리장성은 서쪽, 압록강과 서해가 접한 지역부터 동쪽, 함경도를 거쳐

동해안에 이르는 방대한 규모로, 총 길이가 600km에 이르는 것으로

알려져 있습니다.

한편 고구려 때에도 연개소문(淵蓋蘇文, 594-666)이 앞장서 천리장성을

축조했다는 사실이 전해 옵니다.

이는 그 무렵 고구려를 위협하던 당나라의 침략을 막기 위한 것이었는데,

한반도가 아니라, 고구려 영토였던 만주 지역에 있었죠.

그 외에도 한반도 곳곳에는 수많은 성이 있습니다.

고대에는 성이야말로 적을 막는 가장 효과적인 수단이었기 때문입니다.

성벽을 극복하라!

성을 쌓아 적을 막기 시작하자, 한편에서는 성벽을 어떻게 하면
정복할까를 고민하기 시작했습니다.
고대 메소포타미아 지방의 강국 아시리아에서는 오래전부터
공성용 망치를 개발하여, 성을 파괴하는 무기로 사용하였습니다.

그러자 상대방은 더 높고 튼튼한 성으로 대응했죠.

이에 군사 강국 아시리아 역시 끊임없이 새로운 무기를 개발하였습니다.

후에 그리스에서 '헬레폴리스(Helepolis)'라고 부른 장치를

처음 개발한 것도 아시리아였습니다.

아시리아군이 처음 사용한 헬레폴리스는,

후에 그리스에서 더욱 발전시켰죠.

가장 거대한 헬레폴리스는 높이가 40m, 너비 20m에, 3천 명이 넘는

병사가 움직여야 하는, 한마디로 '움직이는 성벽'이었습니다.

그 외에도 동서양 곳곳에서는 성을 공격하기 위해

다양한 무기와 장치를 개발했습니다.

대표적인 것이 '운제'라고 부르는 이동식 사다리입니다.

오늘날 고층 사다리와 비슷한 이 장치를 성에 대면, 병사들은 이것을 타고

성안으로 들어갈 수 있었죠. 물론 그러다 수많은 병사들이

희생되었지만요.

또 동서양을 막론하고 개발한 것이 공성용 투석기였습니다.

투석기는 고무줄 총과 같은 원리로, 돌을 성안으로 쏘는 기구입니다.

'충차'라는 무기도 있었습니다. 날카롭고 강하면서도 거대한 도구로,

성문이나 성벽을 부수는 용도입니다.

성을 부수기 위한 이런 다양한 무기와 장치를 개발했지만,

여전히 성은 공고한 방어 설비였습니다.

어떤 것을 이용해도, 성안으로 들어가려면 많은 희생을

감수해야 했기 때문입니다.

* 중세에 발명된 공성용 투석기 일종이다.

그러다 갑자기 성이 제 역할을 하지 못하는 시대가 도래했습니다.

인류가, 화약과 그것을 이용하는 대포를 발명한 것입니다.

1300년대 중반, 지구 곳곳에서는 화약을 장착한 파괴용 폭탄을 쏘아

먼 곳까지 보내는 대포를 고안하였죠.

고려 시대에 활동한 최무선(崔茂宣, 1325-1395)은 1377년, 화약 제조법을

습득한 후 조정에 화통도감 설치를 건의했습니다.

그 후 최무선은 고려와 조선, 두 나라에서 화약을 장착한 포를 이용하여

왜구를 무찔러 큰 공을 세웠죠.

하지만 그가 개발한 포에 대한 기록은 안타깝게도 전하지 않고 있습니다.

조선에서는 임진왜란 때에도 다양한 화포를 사용해 왜적을 무찔렀습니다.

그때 사용한 화포들 대부분이 최무선이 개발한 것과 다르지 않을 거라고

전문가들은 평가합니다.

초창기 포는 작은 형태일 뿐 아니라, 포탄을 먼 곳까지 보내기도 힘들었죠.

그러나 15세기에 접어들면서, 서양에서는 새로운 대포를 개발하기

시작했는데, 이전 포와는 사뭇 다른 거대한 규모였습니다.

잔 다르크

오를레앙 공성전.

하나 더! 오를레앙 공성전을 묘사한 그림에는 유럽 최초의 대포가 등장해. 그러니까 1429년에 성을 공격하기 위해 대포를 사용했다는 걸 알 수 있지!

몬스 메그는 내가 1449년에 제작해서 스코틀랜드 왕 제임스 2세에게 선물한 대포야. 근데 그게 21세기까지 남아 있을 줄이야, 허허!

부르고뉴
공작 필리프 3세

몬스 메그(Mons Meg) 대포.
현재 스코틀랜드 에든버러 성에 있으며, 150kg 포석을 3.2km까지 발사할 수 있다. 역사상 가장 큰 대포 중 하나이다.

이런 포가 개발되면서 더 이상 성은 안전한 장벽이 될 수 없었죠.

거대한 포탄은 성벽을 무너뜨릴 만큼 파괴력이 대단한 것은 물론,

성안을 공격하는 데에도 효과적이었습니다.

결국 근대에 접어들면서 성을 쌓아 적을 막는 것은 불가능해졌고,

당연히 성을 쌓는 일 또한 점차 사라졌습니다.

근대 유럽의 지도를 결정한 것으로 유명한 '30년 전쟁' 최후의 전투인 프라하 점령을
묘사한 그림(1663년).
이 그림을 보면 성보다 포의 위력이 전투의 승패를 가르는 요소임을 알 수 있다.

1776년, 미국 독립전쟁 당시 트렌턴 전투에서
조지 워싱턴이 이끄는 미국군이 승리한 모습.
그림 어디에도 성은 보이지 않는다.
오늘날에도 근대에 들어 국가로 성립한
미국에서는 성을 찾아보기 어렵다.

성 대신 장벽을 건설하다

근대에 들어서면서 성은, 더 이상 방어 기능을 하지 못하게 되었습니다.

그러니까 적을 막는 효과적인 수단이 되지 못한 것이죠.

강력한 무기로 물리적인 힘을 가하면 성이 뚫리니, 성벽을 쌓는 일은

더 이상 무의미했습니다. 그렇게 성이 점차 사라져 가자,

그 자리에는 또 다른 장벽이 들어서기 시작했습니다.

사람을 자유롭게 오가지 못하게 막는 수단으로,

부자와 가난한 이웃을 가로막는 수단으로,

자기와 종교가 다른 사람을 가두는 수단으로,

자유와 신념을 가로막는 수단으로 말이죠.

무엇보다 장벽은 강한 자가 약한 자를 가두는

감옥과 같은 역할을 했습니다.

놀랍게도 이런 수단이 효과를 발휘했습니다.

이 모습을 보면서 사람들은 깨달았습니다.

그렇게 지구상에는 하나둘, 장벽이 서기 시작했고,
21세기에도 여전히 이런 일이 일어나고 있습니다.
지금부터 그런 장벽을 찾아가 봅니다.

2부

국경을 막고, 점령하다

국경과 장벽

국경(國境)은 '나라와 나라의 영역을 가르는 경계'입니다.

따라서 국경을 긋거나 표시하는 것은 당연하죠.

일반적으로는 간단한 경계 벽을 세우거나, 철조망을 치고,

낮은 벽을 세우기도 합니다.

이정표만으로 국경을 표시하는 경우도 많습니다.

또, 강이나 산으로 구분하기도 하고, 도로로 구분할 수도 있습니다.

어떤 곳에는 아무런 표시가 없습니다.

오늘날 국경은 위도와 경도로 정확히 나타낼 수 있기 때문입니다.

그러나 어떤 국경에서는 거대한 장벽을 세우기도 합니다.

국경에 장벽을 세우는 경우는 두 가지로 나눌 수 있습니다.

첫 번째는, 적대적인 국가끼리 맞대고 있는 경우입니다.

이런 경우는 단순히 장벽뿐만 아니라 군사적으로 대치하기도 합니다.

대한민국 국경이 대표적이죠.

두 번째는, 다른 나라에서 들어오는 불법 이주민을 막기 위해서입니다.

두 나라 사이에 정치적·경제적·사회적 격차가 큰 경우,

이웃나라 시민들은 국경을 넘으려고 합니다.

더 자유롭고, 풍요로우며, 안전한 사회에서 살고자 하는 마음은 누구나

똑같기 때문입니다.

최근 세계적으로 문제가 되는 유럽 난민 문제, 그리고 미국과 멕시코의

국경 갈등이 대표적이죠.

아프리카야?
유럽이야!

세계지도에는 우리가 모르는 비밀이 많이 숨어 있습니다.

그중에서도 아프리카에 스페인 땅이 있다는 사실을 아는 사람은 드뭅니다.

그것도 두 곳이나 되죠.

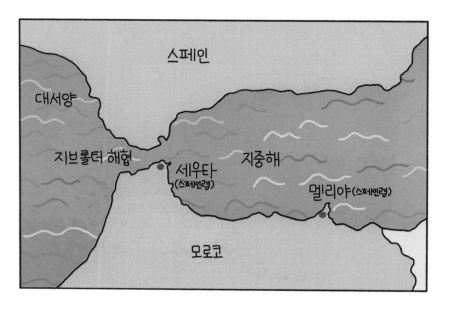

스페인과 지브롤터 해협을 사이에 둔 모로코에는,

세우타와 멜리야라는 두 도시가 있습니다.

1500년 무렵, 이곳을 스페인이 점령했고, 그때부터 자신들의 영토라고

주장하고 있죠.

반면 모로코는 당연히 자신들의 영토라고 주장합니다.

스페인 땅이라는 주장은, 아프리카에 식민지를 건설하던 유럽인들의

시각일 뿐이라는 것입니다.

현재는 두 도시 모두 스페인이 실효 지배하고 있습니다.

하지만 모로코가 호시탐탐 노리고 있어 스페인은 안심할 수 없습니다.

그런데 이곳을 노리는 가장 큰 세력은 스페인도, 모로코도 아니었죠.

아프리카에서 유럽으로 가려는 난민들은,

세우타와 멜리야로 들어가고자 싸움도 불사합니다.

오늘날 유럽 전역이 겪는 아프리카 난민 문제를, 이곳도 피할 수 없었죠.

결국 세우타와 멜리야는 장벽을 세우기로 결정했습니다.

아프리카 난민 출입을 막기 위해, 높고 단단한 철책으로 장벽을 세웠죠.

그러나 살기 위해 유럽행을 택한 이들에게 이런 장애물은 오히려

도전 정신을 불러일으킬 뿐입니다.

난민들은 방법을 가리지 않고 장벽을 넘고자 했습니다.

그 과정에서 스페인 군경과 부딪혀 많은 피해자가 생기기도 했죠.

두 도시 영유권을 놓고 갈등을 빚는 스페인과 모로코도

아프리카 난민 문제를 위해서는 협력하고 있습니다.

모로코 역시 사하라 남쪽에서 몰려오는 난민이 반갑지 않기 때문입니다.

그러나 오늘도 두 도시를 둘러싼 장벽에서,

많은 사람들이 위험한 도전을 감행하고 있습니다.

국경을 보호하라!
미국 국경 장벽

이웃 나라에서 들어오는 이주민을 막기 위해 세운,

가장 긴 국경 장벽은 미국에 있습니다.

세계에서도 손꼽힐 만큼 부유하고, 수많은 민족이 모여 살 뿐 아니라,

자유의 여신상이 상징하듯 자유롭다고 소문난 미국을 향해

이웃 멕시코 주민들이 모여들고 있습니다.

이런 멕시코 이주민들에 대해 미국 내에는 다양한 의견이 존재합니다.

멕시코 이주민 문제는 미국 사회의 중요한 관심사입니다.

2016년, 미국 대통령 선거에서 당선된 도널드 트럼프는 이렇게 말했죠.

물론 멕시코는 그 비용을 내지 않았습니다. 그러나 트럼프가

대통령에 당선된 후 미국에서는, 다양한 방식으로 멕시코 접경 지역에

거대한 장벽을 세웠습니다.

오늘도 멕시코를 비롯한 중남미 이주민들은 미국 국경을 넘고자 합니다.

미국 역시 이주민들을 막기 위한 활동을 게을리하지 않고 있죠.

이러한 갈등은 나라 사이에 존재하는 경제적 격차,

사회적 안정이 사라질 때까지 계속될 것입니다.

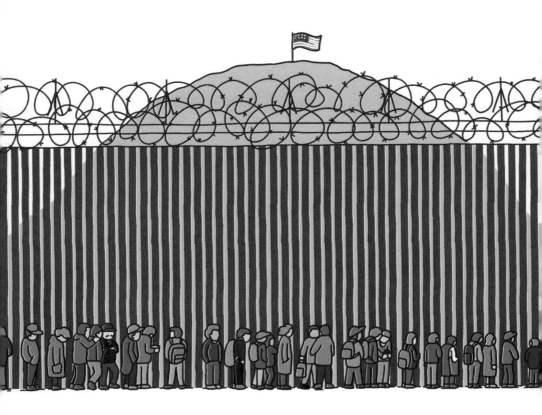

장벽은 국경이 될 수 있을까?
서사하라 장벽

서아프리카에는 나라인 듯 나라
아닌 나라가 있습니다.
바로 서사하라(Western
Sahara)입니다.
명칭에서도 알 수 있듯이,
사하라 사막 서쪽에 있는
이 나라의 정식 국호는
'사하라 아랍 민주공화국(Sahrawi
Arab Democratic Republic)'입니다.

모로코에 속해 있던 이 땅을 스페인이 점령한 것은 1880년대였습니다.
그 후 우여곡절을 겪은 끝에 1976년, 북부는 모로코에,
남부는 모리타니에 귀속되었죠.

하지만 스페인 식민지 시절부터 독립운동을 전개하던 이곳 거주민들은
귀속을 거부하고 독립을 주장하였습니다.
결국 모리타니는 영유권을 포기하고 철수했죠.
그러나 모로코는 이곳 역시 자신들의 영토라며 영유권을 주장하고
있습니다.

현재 서사하라 영토 서부는 모로코가, 동부는 독립운동을 전개한
사하라 아랍 민주 공화국이 지배하고 있습니다.

유엔은 서사하라를, 이 지역을 대표하는 독립국으로 인정하고,
80개국 이상의 회원국들이 서사하라를 승인했습니다. 그러나
이곳 분쟁에 개입하고 있는 강대국들의 이해관계로 인해 서사하라는
독립국으로 인정받지 못하고 있습니다.

한편, 모로코는 자신들이 실효 지배하고 있는 서부와
서사하라 정부가 지배하는 동부를 분리하기 위해 장벽을 건설했습니다.

모로코가 지은 장벽은 '서사하라 장벽' 또는
'서사하라 분리 장벽'이라고 부릅니다.
장벽을 처음 짓기 시작한 것은 1980년 무렵인데,
2020년까지 수십 년에 걸쳐 확장했습니다.
이 장벽은 사막 지역에서 구할 수 있는 모래와 돌로 쌓았고,
총 길이는 3,000km에 가깝습니다. 높이는 2-3m 정도인데,
5km마다 감시 기지를 설치하였죠.

그뿐이 아닙니다. 장벽에서 약 4km 떨어진 곳에는 레이더와 탱크를
비치하여 서사하라의 동태를 파악하고 있죠.
한편 장벽 주위에는 지뢰를 묻어 놓았는데, 드넓은 지역에 매설된
지뢰밭은 세계에서 가장 긴 것으로 알려져 있습니다.

모로코의 행동은 세계적으로, 특히 아프리카에서 많은 비난을 받았습니다.

그러나 세월이 흐르면서 모로코의 불법적 행동은 점차 잊혔고,

오늘날 이들을 지지하는 나라도 적지 않죠.

'아프리카 문제는 아프리카가'라는 목적을 내걸고 결성한

아프리카 통일 기구(Organization of African Unity)는 애초에 모로코의 행동을

비난했습니다.

이에 모로코는 아프리카 통일 기구에서 탈퇴했습니다.

그러나 2017년, 모로코는 아프리카 통일 기구의 뒤를 이어 출범한
아프리카 연합(African Union)에 재가입하였습니다. 이때 모로코의 재가입에
반대한 국가는 9개국, 찬성한 국가는 39개국이었습니다.

국제 관계에서는 '정의'보다 '이익'이 우선임을, 서사하라 장벽을 둘러싼
갈등을 통해서도 확인할 수 있습니다.

해체할 수 있으나 해체하지 않는,
쿠바 미군 기지

쿠바와 미국은 오랫동안 갈등을 겪고
있는 사이입니다.
그런데 쿠바 영토 내에 미국
군사기지가 있습니다.
미국 점령지라 말할 수 있는 이
군사기지는 1903년, 쿠바 동부에 있는
관타나모에 설치했습니다.

그 무렵 스페인과의 전쟁에서 승리한 미국은, 스페인 식민지였던
쿠바 독립을 승인했죠. 그러나 쿠바 독립은 명목뿐이었습니다.
미국은 쿠바에 친미 정권을 출범시킨 후 이곳에서 미 군정을 실시하였고,
관타나모 군사기지를 설치한 것입니다.

그 후 쿠바 혁명으로 정권을 잡은 카스트로 정부는 미군 철수를
요구했으나, 오늘날까지 이루어지지 않고 있습니다.
'서로 합의를 했을 경우에 한해서만 관타나모 기지를 돌려받을 수 있다'는
계약 조건 때문이죠.
결국 미국이 동의하지 않으면 관타나모 군사기지는 영원히 미국 차지인
셈입니다. 그래서일까요?
미군은 관타나모 기지 주위로 20km가 넘는 장벽을 설치했습니다.

쿠바인들은 하루빨리 미군 기지가 아닌 쿠바 군사기지로 바뀌기를

희망하고 있지만, 이 철조망 장벽 역시 언제 사라질지 알 수 없습니다.

3부

감시하고, 나누고,
차단하다

소금을 감시하라, 식물 장벽

1800년대 초, 인도에는 기이한 장벽이 설치되었습니다.

'내륙관세장벽(Inland Customs Line)'이라고 부르는 장벽이었습니다.

그 무렵 인도를 지배하던 영국은, 사람이 살아가는 데 필수품인

소금에 세금을 부과하였습니다.

인도인들은 많은 세금을 납부해야만 소금을 먹을 수 있었죠.

참다못한 인도인들은 영국 식민지 당국의 소금세를 피하는 방법을
강구하기 시작했습니다. 해안가에서 내륙 곳곳으로 소금을
몰래 들여가기 시작한 것입니다.
그러자 영국인들은 대책을 마련해야 한다고 여겼죠.

영국인들은, 소금이 오가는 길을 따라 장벽을 설치하기로 마음먹었습니다.
그런 후, 가시도 많고 줄기도 많아서 그 주변으로 사람이 지나가기 힘든
인도자두 나무를 심기 시작했죠. 인도자두 나무 외에도 가시가 나는
다양한 나무를 함께 사용하였습니다.
동쪽 벵골만에서 북서쪽 펀자브 지역까지 약 4,000km에 달하는 지역에,
가시도 많고 줄기도 많은 나무로 장벽을 치기 시작한 것입니다.
전통적인 거리 단위 십리는 4km니, 이 식물 장벽 역시
만리장성이었던 셈이죠.

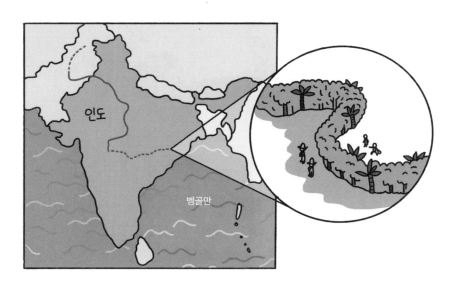

식물 장벽만 세운 것이 아닙니다.

높이 3-4m, 너비 4-5m에 달하는 식물 장벽을 감시하기 위해 세관원,

인도 원주민 출신 병사를 고용해 감시와 체포를 담당하도록 했는데,

그 숫자가 1만 4천 명에 달할 정도였습니다.

그러나 식물 장벽은 돌이나 흙으로 만든 장벽에 비해 관리가 쉽지 않았죠.

개미부터 쥐, 그리고 더 큰 동물에 이르기까지 나무를 해치는 것들이

많았을 뿐 아니라, 홍수가 나면 식물 장벽은 순식간에 사라져 버렸습니다.

한편 건조한 땅에서는 기껏 심은 식물이 금세 말라 죽기도 했죠.

그러나 영국 당국은 끈질기게 식물 장벽을 관리하며,

소금세를 거두고자 했습니다.

하지만 인도인들 역시 장벽에 굴하지 않았습니다. 이런 어려움 때문에,

영국의 노력은 부분적인 성공만을 거둘 수 있었죠.

1879년, 영국 정부는 거래할 때 징수하던 소금세를, 생산할 때 징수하기로

하면서, 식물 장벽은 유명무실해졌습니다.

이 식물 장벽은 인도에서 영국인이 이뤄 낸 가장 기괴한 업적 가운데 하나로 평가받고 있답니다.

수치심만 일으키는,
페루 수치의 벽

중남미 국가들은 빈부격차가 심한 것으로 유명합니다.

그렇지 않은 나라도 있지만, 많은 나라가 극심한 빈부격차로

고통받고 있습니다.

그 원인은 대부분 식민지 시대를 거치면서 형성된 지배층과

피지배층의 간격 때문이죠.

오늘날 지배층 다수는 강대국 또는 강대국에 소재하는 다국적 기업과

연관을 맺고 있는 이들, 권력자, 그리고 지주 계층 등입니다.

페루 역시 빈부격차가 심한 나라입니다.

이러한 사회적 문제를 잘 보여 주는 것이 수도 리마에 자리하고 있는

'수치의 벽(El Muro de la Vergüenza)'입니다.

리마 외곽, 비야 마리아 델 트리운포에 서 있는 수치의 벽은 말 그대로

페루, 나아가 전 세계의 양심 있는 사람들에게 수치심을 불러일으키는

장벽이죠.

수치의 벽은 호화 주택에 거주하는 부유층 마을에서 세운 것입니다.

장벽은 콘크리트와 돌, 철조망 등 온갖 재료를 사용해 세웠는데,

최고 높이 3m, 길이는 10km에 이릅니다.

이러한 장벽을 세운 목적은 무엇일까요?

그 이유는 빈민층 주민들이, 자신들 마을로 접근하는 것을 막기 위해서

입니다.

빈민층 주민들 다수가 바로 그 마을에서 가정부나 청소부, 정원사 등으로

일을 하며 살아가는데 말입니다.

페루 헌법재판소는 수치의 벽이 불법이라며, 180일 안에 철거하라고

명령했습니다. 그러나 이곳 주민들과 관련 기관은

끄떡도 하지 않고 있죠.

하나의 도시를 둘로,
베를린 장벽

제2차 세계대전이 끝난 후 연합국인 미국·영국·프랑스·구소련 4개국은
패전국 독일을 분할하여 관리하기로 했습니다. 이때 독일 수도였던
베를린 역시 4등분하여, 4개국이 관리했죠.
그 후 1948년, 미국·영국·프랑스가 관리하던 지역은 서독으로
통합하였고 이듬해인 1949년, 독일연방공화국(서독)으로
재출발하게 되었습니다.
이에 구소련이 관리하던 지역 역시 독일민주공화국(동독)으로
독립하였습니다.
베를린 역시 동베를린과 서베를린으로 나뉘고 말았죠.
분할된 베를린 가운데 동베를린은 동독의 수도였습니다.
반면에 서독 수도는 본이었습니다.

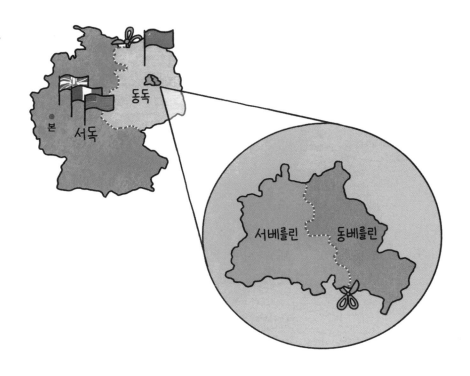

분단 이후, 서독은 마셜 플랜*에 따라 미국의 지원을 받으면서 경제

성장을 거듭했죠. 이에 반해 동독은 경제적·정치적으로 낙후되었습니다.

그러자 동독 주민들은 서독 영토인 서베를린으로 탈출하기 시작했습니다.

*   제2차 세계대전 후, 미국의 원조로 이루어진 유럽의 경제 부흥 계획.

이에 동독은 대책 마련이 필요했죠.

1961년 8월, 동독은 서베를린 전체를 담으로 쌓기 시작했습니다.

이른바 '베를린 장벽'을 설치하기 시작한 것입니다.

동독은 서베를린을 장벽으로 둘러쌌지만, 아이러니하게도 포위된 것은

서베를린이 아니라 동독 주민들이었습니다.

처음에는 장벽과 철조망 등으로 설치한 베를린 장벽을 그 후에
지속적으로 강화하여, 동베를린과 서베를린 사이에는
'죽음의 띠'라고 부르는 무인지대도 조성하였습니다.
이때부터 동독 주민들은 서베를린으로 들어갈 수 없게 되었죠.
서베를린으로 탈출하려면, 목숨을 건 모험을 해야만 했습니다.

그 무렵, 동베를린과 서베를린을 오가기 위해서는 9곳의 공식적 통행로를 이용해야 했습니다.

그 외 지역에서는 100곳이 넘는 감시탑 때문에 탈출이 불가능했죠.

그런데도 베를린 장벽을 넘으려는 동독 주민들은 줄을 이었습니다.

수많은 사람들이 탈출을 시도했고, 많은 사람이 목숨을 잃기도 했습니다.

그러다가 더 이상 목숨 건 탈출이 필요 없게 된 사건이 발생합니다.

1989년 11월 9일.

구소련의 해체 후 급격히 힘을 잃은 동독 당국은,

동베를린과 서베를린 사이에 통행을 허가했습니다.

이 소식을 들은 베를린 주민들은 한꺼번에 몰려나와 베를린 장벽을 향해

망치와 해머를 휘두르기 시작했습니다.

30년 가까이 사람들의 자유로운 통행을 가로막던 장벽이

무너지기 시작한 것입니다.

오늘날 베를린 장벽은 사라졌고, 극히 일부 지역에만 기념물로 남아 있을 뿐입니다.

지붕 없는 감옥,
팔레스타인 분리 장벽(보안 장벽)

팔레스타인 문제는 지구상에서 가장 해결이 어려운 과제 가운데
하나입니다.
처음 문제가 불거진 후 백 년도 더 지났지만, 어린이가 죽고
민간인 희생자가 나타나는 비극이 끊이지 않고 있습니다.

1917년, 팔레스타인 영토.

그런데도 강대국을 비롯한 국제사회는 문제 해결을 위해
적극적으로 나서지 않고 있습니다.

1917년 11월, 영국 외무장관 밸푸어는 '밸푸어 선언'을 발표했습니다.
팔레스타인 땅에 유대인 독립 국가를 수립하도록 지지한다는 내용이었죠.
이는 제1차 세계대전 중에 유대인을 연합군 측에 끌어들이기 위한
목적으로 발표한 것이었습니다.
하지만 2년 전인 1915년, 영국 외교관 맥마흔은 전혀 다른 말을 했죠.

제1차 세계대전이 끝나면, 이곳에 아랍인을 위한 독립 국가 건설을
지지하겠다고 선언했던 것입니다.

결국 영국 정부가 하나의 땅에 두 나라 건국을 약속한 셈이죠.

전쟁이 끝나자 당연히 팔레스타인 영토를 둘러싸고 유대인과 아랍인,
즉 이스라엘과 팔레스타인 사이에 갈등이 벌어질 수밖에 없었습니다.

그 후, 미국과 세계 유대인들의 지지를 받는 이스라엘은
팔레스타인 사람들이 거주하던 땅에 들어와 독립 국가 건국을
선언했습니다.

하루아침에 삶의 터전을 잃은 팔레스타인인들은 반발했으나, 유엔은
팔레스타인의 강제 분할을 선언했죠. 이로써 팔레스타인 땅은
이스라엘과 팔레스타인으로 분할되고 말았습니다.

이후 팔레스타인을 지지하는 아랍 국가들은 이스라엘을 상대로 전쟁을
벌였습니다. 하지만 1948년, 1차 중동 전쟁을 시작으로 1974년까지
4차례의 전쟁을 치르면서 번번이 패하고 말았습니다. 이스라엘이
강대국 미국의 강력한 지원을 받은 탓이었죠. 그때마다 이스라엘은
팔레스타인 땅을 더 많이 점령해, 팔레스타인 지역 대부분을
차지했습니다.

우리 땅에 들어와
주인 행세를 하더니,
강제로 땅을 빼앗은 게
정당하다고?

전쟁에서 이겼으니까
땅을 많이 가져가는
건 당연한 거야.

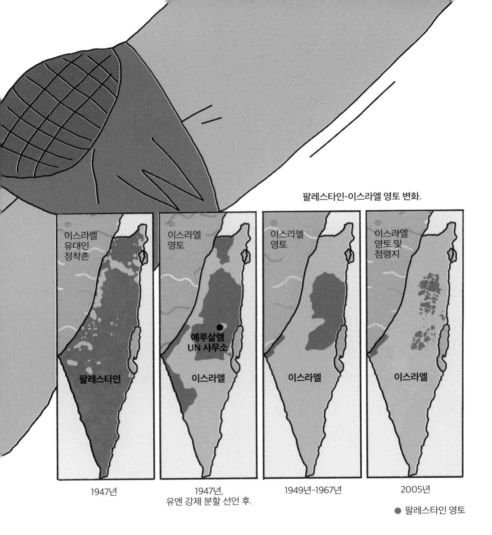

팔레스타인-이스라엘 영토 변화.

이스라엘
유대인
정착촌

팔레스타인

1947년

이스라엘
영토

예루살렘
UN 사무소

이스라엘

1947년,
유엔 강제 분할 선언 후.

이스라엘
영토

이스라엘

1949년-1967년

이스라엘
영토 및
점령지

이스라엘

2005년

● 팔레스타인 영토

오늘날 팔레스타인은 서안 지구(West Bank)와 가자 지구(Gaza Strip)로
나뉘어 있습니다. 한 나라지만 서로 왕래할 수 없죠.

팔레스타인(6,020㎢)은 면적이 대한민국 도(道) 가운데 가장 작은
충청북도(7,407㎢)보다도 훨씬 작습니다. 그 땅마저 서안 지구와
가자 지구로 나뉘어 있는데, 특히 가자 지구는 365㎢ 면적에
인구밀도가 1㎢당 6,600여 명에 달해, 도시국가를 제외하면
인구밀도가 세계에서 가장 높습니다.

이전부터 갈등이 끊이지 않았지만, 최근 들어 이스라엘과 팔레스타인
사이의 갈등은 더 격화되고 있습니다.

이스라엘은, 팔레스타인의 테러 조직을 소탕하기 위해 공격하는 것이라고
주장합니다. 하지만 팔레스타인은, 이스라엘의 불법적 공격과 점령에
맞서 싸우는 것이라고 말합니다.

이스라엘은 머리를 맞대고 살아가는 팔레스타인인들을
눈엣가시로 여기고 있습니다. 팔레스타인 사람들 역시 마찬가지죠.
다만 이스라엘은 힘이 강하고, 팔레스타인은 힘이 약하다는 차이가
있을 뿐입니다.

이스라엘은 팔레스타인의 위협을 방지하겠다는 목적으로 또 다른 수단을
고안했습니다. 바로 이스라엘이 수십 년 전부터 세우고 있는
'보안 장벽' 또는 '분리 장벽'입니다.
명칭이 두 개인 까닭은, 세우는 세력과 그로 인해 봉쇄된 사람들이 각기
다르게 평가하기 때문입니다.
유엔 산하 국제사법재판소에서는 이스라엘이 건설하는 장벽이
불법이라며 철거하라고 판결했습니다.
그러나 이스라엘은 아랑곳하지 않고 있죠.

이스라엘은 서안 지구와 가자 지구에서 동시에 분리 장벽을 세우고 있습니다.
이스라엘이 국제사회의 비판에도 아랑곳하지 않고 분리 장벽을 계속 세우는 까닭은 무엇일까요?
전문가들은 말합니다.

"분리 장벽을 세우는 목적은, 이스라엘 영토를 확장하려는 데 있습니다."

본래 서안 지구는 요르단에 있는
요르단강 서쪽 기슭을 뜻합니다.
서안 지구에 접해 있는 요르단은,
팔레스타인과 밀접한 관계를 맺고
있는 나라입니다.

서안 지구는 요르단 영토였는데,
1968년 이스라엘이
점령하였습니다.
그러다 1993년, 오슬로 협정*을
맺으며 팔레스타인 자치 정부가
통치하기 시작했죠.

---

*   1993년, 이스라엘과 팔레스타인 해방 기구 사이에 합의한 협정. 이스라엘은 팔레스타인 해방
     기구를 합법적 팔레스타인 정부로 인정하고, 팔레스타인 해방 기구 역시 이스라엘의 존재를
     인정하였으며, 이때부터 서안 지구 통치권은 팔레스타인으로 넘어갔다.

그러나 이스라엘은 유엔 및 국제 사회에서 불법으로 규정했는데도,
서안 지구에 지속적으로 정착촌을 확대했습니다.
당연히 팔레스타인인들은 반감을 품기 시작했고,
자살 폭탄 테러 등 극단적인 방식으로 강하게 저항했습니다.
이스라엘은 테러리스트 소탕을 빌미로 팔레스타인에 군사적 공격을
단행하는 한편, 서안 지구 이스라엘 정착촌에 테러를 방지한다는 명분을
내세워 분리 장벽 건설을 멈추지 않았습니다.

2002년부터 시작한 분리 장벽 건설은 오늘날에도 계속되고 있습니다.

장벽 대부분은 콘크리트로 짓고, 철조망도 설치했죠. 전기 감지기와

순찰 도로, 감시탑도 곳곳에 설치했습니다.

현재 분리 장벽의 총 길이는 500km가 넘는데, 대부분 이스라엘

정착촌 부근에 건설했습니다.

서안 지구에 이스라엘이 건설한 분리
장벽. (ⓒKyle Taylor)

서안 지구 이스라엘 정착촌 장벽에
'분리 장벽은 무너질 것이다.'라고 쓴
팔레스타인인의 낙서. (ⓒJustin McIntosh)

가자 지구 사정은, 서안 지구와는 다릅니다.

서울 면적의 60%에 불과한 이 지역은 높이 8m의 장벽으로 이스라엘과

분리돼 있습니다.

이뿐만이 아닙니다.

이집트와의 국경선도 장벽으로

가로막혀 있죠.

가자 지구와 접한 이집트는 과거에는

우호적이어서, 지하 터널을 통해

각종 무기와 물자를 공급하기도 했지만,

지금은 지원을 중단한 상태입니다.

그러다 보니 상황은 더욱 악화됐고,

이스라엘에 대한 가자 지구 주민들의

반감은 더욱 강해져만 갔죠.

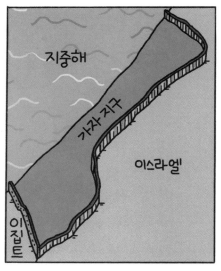

결국 가자 지구에서 영향력을 행사하는 정치 세력

'하마스(Hamas)'를 지지하는 정도가 날로 높아만 갔습니다.

하마스는 외교적 타협과 안정을 추구하는 서안 지구 집권 세력

'파타(Fatah)'와 달리 매우 과격한 이슬람 세력입니다.

강력한 대응은 당연히 강력한 반발을 불러왔고, 그러한 반발을 진압하기 위해 더 강력한 공세가 이어지는 게, 오늘날 가자 지구의 모습입니다.

가자 지구를 통치하는 하마스 세력은 바다를 통해서도 이스라엘 공격에
나섰습니다.

이에 이스라엘은 하마스의 해변 침투를 막고자 바다에 장벽을 세웠습니다.
이뿐만 아닙니다. 물자 공급을 차단하기 위해 지하 터널을 막는 등
봉쇄를 강화하고 있습니다.

결국 가자 지구는 이스라엘이 세운 장벽으로 육로뿐만 아니라 바닷길까지

막혀 버렸습니다. 이웃 나라 이집트 역시, 이스라엘과 등을 지면서

가자 지구 지원에 나설 뜻이 없죠.

가자 지구 주민들이 먹고살기 위해서는, 적이자 자신들을 둘러싸고 있는

이스라엘로 출근해 돈벌이를 하는 길밖에 없습니다.

이를 두고 어떤 사람은 이렇게 말합니다.

오늘날 가자 지구를 가리켜 '지붕 없는 감옥'이라고 부릅니다.
그곳에는 안전도 없고, 삶도 없으며, 미래도 없이 살아가는
백만 명이 넘는 팔레스타인인이 있습니다.
2023년 11월, 가자 지구는 병원부터 학교까지 이스라엘로부터
무차별 폭격을 받았습니다. 하마스 공격으로 이스라엘인 천여 명이
사망한 것에 대한 보복 공격이었습니다. 이 공격으로 만 명이 넘는
가자 지구 민간인이 사망하였습니다.
이에 유엔에서는 가자 지구 교전 즉각 중단 결의안을 채택했으나,
이스라엘은 이를 거부했습니다.

갈등을 장벽으로 해결하다?
평화의 벽

섬나라 영국 서부에는 또 하나의 섬나라가 있습니다.

바로 아일랜드(Ireland)입니다.

아일랜드는 나라 이름이 '섬'을 뜻하는 'island'와 발음이 같아서

많은 사람이 독립 국가인지 아닌지 혼란스러워하지만,

아일랜드는 철자가 'Ireland'인 독립국입니다.

영국과 이웃이기는 하지만, 사이가 썩 좋지 않죠.

과거에 두 나라는 지배국과 피지배국 관계였습니다.

종교도 다릅니다. 아일랜드는 가톨릭이,

영국은 개신교에 속하는 성공회가 우세합니다.

아일랜드는 오랜 기간 영국의 식민 지배를 겪었습니다.

19세기부터 아일랜드의 독립 투쟁이 거세졌고,

1921년에 드디어 독립할 수 있었습니다.

그런데 아일랜드 북쪽의 북아일랜드(Northern Ireland) 지방은, 독립하는 대신
영국에 남게 됩니다. 북아일랜드에는 가톨릭 대신 개신교도가
다수를 차지하고 있었을 뿐 아니라, 이곳에는 사회 지도층으로 활동하던
영국인이 많았기 때문이었죠.
그때부터 북아일랜드는 갈등 속으로 빠져들고 말았습니다.

독립을 지지하던 이들은, 무장단체 IRA(Irish Republican Army,
아일랜드공화국군)를 결성해 영국에 저항하기도 하였습니다.
그 과정에서 많은 희생자가 발생했죠.
다행히 21세기에 접어들자, IRA가 무장해제를 선포하여 평화가
찾아왔습니다.
그러나 사회적 갈등은 좀처럼 해소되지 못하였습니다.
특히 북아일랜드 수도 벨파스트는 개신교도이자 영국 지지자, 그리고
아일랜드 민족주의자이자 가톨릭 사이에 갈등이 격렬한 지역입니다.
이러한 갈등을 방지하기 위해 오래전부터, 북아일랜드 벨파스트를
중심으로 여러 곳에 '평화의 벽(Peace Walls 또는 Peace Lines)'을
건설하였습니다.

PEACE

> 한 도시를 이렇게
> 분리하면서 평화라니, 아이가
> 없군. 이런 장벽들이 곳곳에 있어.
> 총 30km가 넘는다니까.

> 우리가 할 수 있는 일은,
> 벽에 메시지나 그림을
> 그리는 것뿐이지.

벨파스트에 개신교와 가톨릭 지역으로 분리한 평화의 벽.(©Ross)

같은 나라, 같은 도시에 종교가 다르다고, 신념이 다르다고 장벽을 쌓아
분리하는 일이 21세기에도 벌어지고 있는 것입니다.
북아일랜드 곳곳에서는 이러한 장벽을 허물자는 의견이 나오고 있으나,
언제 장벽이 사라질지는 알 수 없습니다.

4부

오히려 더 강력한,
보이지 않는 장벽

철의 장막, 죽의 장막

'철의 장막(Iron Curtain)'이라는 말은 섬뜩하고 부정적입니다. 따라서
누군가 이 말을 사용한다면, 당연히 부정적인 의미를 담고 있는 것입니다.

철의 장막은 19세기에 처음 등장했습니다.
극장에서 불이 날 때를 대비해 무대에 철로 만든 커튼을 설치한 후
오늘날 방화벽과 같은 용도로 사용한 것이죠.
그런데 화재가 번지는 것을 막기 위한 철의 장막은,
시간이 지나면서 추상적인 의미를 갖기 시작했습니다.
처음으로 이 표현을 사용한 사람은 옛 러시아 작가였던 바실리
로자노프(Vasily Vasilievich Rozanov, 1856-1919)였습니다.

1918년에 내가,
사회주의 혁명 이후 러시아
역사에 '철의 장막'이
드리워지고 있다고 말했지.

시간이 지나면서 세계는
철의 장막을 경계로
둘로 나누어지더군.

철의 장막

바실리 로자노프

그 후 히틀러가 이끄는 나치 정부의 선전장관인 요제프 괴벨스(Paul Joseph Goebbels, 1897-1945)가 제2차 세계대전 기간 중 이 표현을 구소련*이 지배하는 영역을 가리키는 뜻으로 처음 사용했습니다.

그리고 2차 세계대전이 끝난 후, 영국 수상 윈스턴 처칠(Winston Churchill, 1874-1965) 역시 구소련이 지배하는 영역을 가리켜 '철의 장막'**이라고 불렀습니다. 처칠이 이 표현을 사용하자, 전 세계가 이 표현을 쓰기 시작했죠.

이 표현은 대한민국 국어사전에도 올라 있습니다. 그뿐이 아닙니다. 사회주의 국가인 구소련을 '철의 장막'이라고 부르자, 그 무렵 사회주의 정부가 들어선 중국도 그에 빗대 '죽의 장막'이라고 부르기 시작했습니다.

---

* 오늘날 러시아를 가리키는 명칭은 여러 가지가 있다. 1917년, 러시아혁명 이전에 존재했던 나라는 제정러시아라고 한다. 황제가 다스리던 러시아라는 뜻이다. 1917년, 사회주의 혁명으로 태어난 나라는 명칭이 소비에트사회주의공화국연방(소련)인데, 오늘날은 이를 '구소련'이라고 부른다. 1991년, 구소련이 붕괴하면서 새로 탄생한 나라가 오늘날 우리가 러시아라고 부르는 국가다.
** 제2차 세계대전 후, 소련과 동유럽 공산주의 국가가 채택한 정치적 비밀주의와 폐쇄성을 자유주의 진영에서 비유적으로 이르던 말. 영국의 처칠이 1946년 미국을 방문했을 때 연설에서 처음 사용하였다.(출처:《표준국어대사전》)

구소련을 철에 빗댄 반면, 중국은 대나무에 빗댄 것이죠.

결국 민주주의 진영과 사회주의 진영을 분리하는 심리적 장벽이

탄생한 셈입니다.

'철의 장막'과 '죽의 장막'은 실제로는 존재하지 않는

가상의 장벽이었습니다.

그러나 베를린 장벽에서 보았듯이 민주주의 진영과 사회주의 진영 사이에

실제로 장벽을 쌓기도 하였습니다.

오늘날 '철의 장막'이나 '죽의 장막'이라는 표현을 쓰는 사람은 없습니다.

그렇다고 그와 비슷한 편가름 현상이 사라진 것은 아닙니다.

전문가들은 지금 세계에서 첨단 기술 전쟁, 첨단 반도체 전쟁,

기술 패권 전쟁이 진행중이라고 말합니다.

미국은 경제와 군사 분야에서 자신들의 뒤를 바짝 쫓는

중국을 견제하기 시작했습니다.

그리고 큰 소리로 말합니다.

"중국에 첨단 반도체를 공급하는 나라는 불이익을 받을 것입니다."

"중국산 제품에 대해서는 무거운 관세를 부과하겠습니다."

"중국의 여러 기업은 미국의 국가 안보에 위험 요인입니다."

얼마 전까지만 해도 자유무역을 외치던 미국이 이제는 관세 장벽,

기술 장벽, 무역 장벽을 주장하고 있습니다.

보이지 않지만, 보이는 장벽보다 더 허물기 어려운 장벽을

21세기에도 세우고 있는 셈입니다.

세상에 없던 장벽의 등장,
팬데믹

2019년 말, 지구에서 살아가던 사람들 모두는 갑자기 들이닥친 적을
맞이해야 했습니다.
'코로나바이러스(COVID-19) 감염증'이라는 무서운 전염병이 창궐한
것입니다. 이 바이러스는 이전에는 없던 것으로,
인류는 전염병에 무방비 상태로 노출되었습니다.

바이러스 감염증은 순식간에 전 세계로 퍼져 나갔고,

전 세계에서 천만 명 가까운 사람이 희생되었습니다.

각국 정부는 국경을 폐쇄하는 극단적인 조치를 취했습니다.

전 세계 하늘을 거미줄처럼 수놓던 항공기 대부분이 취항을 멈추었고,

해외를 이웃집 드나들듯 다니던 사람들의 발걸음이 뚝 끊겼죠.

그것만으로도 안심할 수 없자, 급기야 모든 사람 사이에 장벽을 세우기에

이르렀습니다.

많은 전문가는, 코로나바이러스가 지구 환경 변화로 인해 발생했을 거라고
추정합니다.

지구 환경 변화는 당연히 과도한 탄소 배출, 자원의 난개발, 무분별한
삼림 파괴로 인한 생태계 변화 때문이죠.

그래서 코로나바이러스가 잦아든다 하더라도 다음엔 더 무서운 질병이
발생할 거라고 예측합니다.

그러나 그 어떤 나라도, 경제 발전을 희생하면서까지 지구를
지키고자 하는 노력도, 계획도 하지 않았습니다.
오히려 많은 나라들은 새로운 전염병 발생을 기회로,
백신 개발과 치료제 개발로 더 큰 이익을 거두고자 했죠.
우리 스스로 지구 환경 보전을 위해 노력하지 않는다면,
앞으로 더 무서운 바이러스가 발생할 것이고, 코로나바이러스에 대비해
세운 장벽보다 더 강하고 튼튼한 장벽을 준비해야 할지 모릅니다.

아파트와 아파트 사이

대한민국은 세계에서 아파트가 가장 많은 나라 가운데 하나입니다.

인구가 5천만 명인 나라에 아파트가 1천만 채가 넘으며,

전체 집 가운데 아파트가 차지하는 비중은 60%가 넘죠.

인구 대부분이 아파트에 사는 셈입니다.

그렇다면 대한민국 시민들은 똑같은 모습의 아파트에서

오순도순 사이좋게 살아갈까요?

대한민국 시민 가운데 일부는 자기가 소유한 아파트 가격으로 모든 것을

평가하기도 합니다.

대부분 사람들은 더 넓고 더 비싼 아파트를 갖고자 하죠.

누구든, 남보다 더 잘살고 더 좋은 환경에서 살고자 하는 욕망은

당연한 것일지도 모릅니다.

그러나 그러한 욕망이 지나치면 어떤 일이 벌어질까요?

놀랍게도, 이웃들 간에 장벽을 세운 곳이 있습니다.
대한민국 아파트 단지 가운데 말이죠.

대한민국에서 아파트 단지는 그 아파트 입주민이 아니더라도
출입할 수 있습니다.
아파트 단지의 도로는 사유 재산이지만, 공공 보행 통로라는 성격을
갖고 있죠. 그래서 특별한 경우가 아니라면 아파트 단지 출입을
금지하는 경우는 없습니다.
그렇다면 일반 아파트와 임대 아파트 사이에 장벽을 세운다는 발상을
처음 한 사람은 누구일까요?
어떤 목적으로 그런 장벽을 세웠을까요?

외면과 차별

21세기 들어 대한민국 국회는 '성별·연령·인종·장애·종교·성적
지향·학력' 등을 이유로 누구도 차별해서는 안 된다는 '차별금지법'을
제정하고자 노력하고 있습니다.

전 세계적으로도 30개국 가까운 나라에서 포괄적인 차별금지법, 즉 모든
차이에도 불구하고 차별해서는 안 된다는 내용을 법제화하고 있습니다.

유엔 경제사회문화적 권리위원회(The Committee on Economic, Social and Cultural
Rights) 역시 대한민국에 포괄적 차별금지법 제정을 권고하였습니다.

그러나 현재도 차별금지법은 통과되지 못하고 있습니다.

차별을 금지하자는 너무도 당연한 법을 반대하는 사람들이,

주장을 굽히지 않기 때문입니다.

민주주의의 기본 전제인 대화와 양보, 관용과 이해라는 단어 대신
자신들의 신념과 주장만을 되풀이하는 한, 대한민국에 참된 민주주의가
자리 잡기는 쉽지 않을 것입니다.

오늘날 대한민국에는 우리와 다르다는 이유로 차별을 하거나,

한 지역 내, 부유한 동네와 빈곤한 동네 사이에서 갈등을 조장합니다.

종교적 갈등 역시 날이 갈수록 확대되고 있습니다.

그리고 이렇게 세운 보이지 않는 장벽은

이해와 공존으로 가는 길을 더욱 멀게 합니다.

눈에 보이는 장벽이건, 보이지 않는 장벽이건, 상대를 가로막는

방법으로는 결코 어떠한 목적도 이룰 수 없습니다.

잠시 동안은 상대방의 공격을 막고, 침투를 방어할 수도 있겠지만,

시간이 지나면 갈등과 대결은 이내 한계를 드러냅니다.

장벽으로 가로막힌 사람들은 다른 방식으로 탈출을 꿈꾸기 때문이죠.

장벽이 높고 강할수록, 가로막힌 사람들 역시 더 강한 폭력을 동원합니다.

그래서 폭력은 더 강한 폭력을 불러오는 악순환이 일어나는 것이죠.

역사를 살펴보아도 쉽게 확인할 수 있습니다.

모든 장벽은 결국 무너지고 말 것입니다.

5부

모든 장벽이
사라지는 날

이매진(Imagine),
모든 장벽이 사라지는 날

보기 드물게 장벽이 아닌 평화의 상징인 벽도 있습니다.

바로 체코 수도 프라하에 있는 '존 레넌 벽(Lennon Wall)'입니다.

세계적인 팝송 가수 비틀스(The Beatles) 멤버였던 존 레넌(John Lennon, 1962-1970)은 평화주의자였습니다.

그는 대표곡 〈이매진(Imagine)〉에서 나라도 없고, 전쟁도 없으며,

소유도 없고, 굶주림도 없는 세상을 꿈꾸었죠.

하지만 그런 세상은 그의 꿈속에서만 존재했을 것입니다.

그의 꿈이 이룰 수 없는 것임을 증명이라도 하듯,

그는 이 노래를 발표한 지 10년도 안 된 1980년,

'마크 채프먼'이라는 광신도에게 살해당했습니다.

그의 꿈을 지지했던 수많은 사람들이 슬픔에 잠겼죠.

그는 떠났지만, 사람들은 그의 꿈을 이루기 위해 힘을 모으고자 했습니다.

하지만 시간이 갈수록 사람들은,

함께하기보다는 분열하고,

나누기보다는 독점하고,

평화보다는 전쟁을 선택하고 있습니다.

애국이라는 이름 아래, 죽음을 강요하고

종교라는 이름 아래, 다른 종교를 배척하는 일도 서슴지 않고 있죠.

이런 세상에 절망한 젊은이들은, 언젠가부터 존 레넌이 상상한 세상을
벽에 그리기 시작했습니다.
자유가 없던 공산국가, 체코 수도 프라하의 벽은
그런 세상을 상상하는 데 알맞았죠.
그때부터 이 벽을 '존 레넌 벽'이라고 부르기 시작했습니다.

지금도 체코 프라하에서는 존 레넌이 평화와
공존을 꿈꾸는 사람들을
기다리고 있습니다.

2022년 존 레넌 벽.(©Marie čcheidzeová)

존 레넌 벽에는 그와 연관된 그래피티와 노래 가사들, 그리고
지역적·세계적 이슈를 다룬 그림들이 가득하고,
이곳을 찾은 많은 이들이 사랑과 평화의 메시지를 남기고 있습니다.

많은 사람이 남긴 그림과 메시지로, 존 레넌 벽은 해마다 모습이 바뀌고 있다.

2015년 존 레넌 벽.(©Jerzy Strzelecki)

2018년 존 레넌 벽.(©R2richar)

한 가족 사이에 장벽을 세우는 사람은 없을 것입니다.

모두가 이웃인 마을에도 장벽은 존재하지 않습니다.

함께 평화를 가꾸는 나라 사이에도 장벽을 건설하지 않죠.

인류가 발전한다는 것은 서로를 해치는 무기가 발전한다는 뜻은

아닐 것입니다.

더 높고 튼튼하며 강력한 장벽을 세우는 것도 아닐 것입니다.

이웃이 고통을 받는 세상에 평화와 안녕은 없습니다.

고통받는 사람은 반드시 상대방을 향해 원한을 품을 것이기 때문입니다.

그래서 오래전부터 많은 종교는, 이웃의 고통을 모른 체하지 말라고

가르치고 있습니다.

이제 지구상 곳곳에 존재하는 장벽은 무너져야 합니다.

베를린 장벽이 무너지듯 사라져야 합니다.

분단국가인 한반도가 통일을 향해 나아가야 하는 까닭이 여기에 있습니다.

중동 지방 곳곳에 서 있는 장벽도 무너져야 합니다.

아프리카, 아시아, 아메리카, 유럽 곳곳에 남아 있는 모든 장벽 역시

사라져야 합니다.

장벽을 세우는 이들의 주장이 아무리 그럴듯하다고 해도,

변명일 뿐입니다.

강한 자가 양보하면, 약한 자 역시 호응합니다.

반면에 약한 자에게 양보하라는 말은,

굴복하고 엎드리라는 말과 같습니다.

이제 우리 모두 진정으로 강한 자가 될 때입니다.

먼저 양보하고, 사랑의 손길을 내밀어야 합니다.

'웃는 낯에 침 뱉으랴.'라는 속담은 세계 어느 곳에서도 통할 것입니다.

그렇게 인류는 평화와 행복을 위해 한걸음 한걸음 나아가야 합니다.

참고 문헌

도서

《침묵의 이면에 감추어진 역사: 인도-파키스탄 분단으로부터 듣는 여러 목소리》, 우르와쉬 부딸리아 지음, 이광수 옮김, 산지니.

《옥스퍼드 세계사》, 클라이브 갬블 외 지음, 이재만 옮김, 교유서가.

《별똥별 아줌마가 들려주는 남아메리카 이야기》, 이지유 지음, 창비.

《팔레스타인은 누구의 땅인가?》, 개리 버지 지음, 이선숙 옮김, 새물결플러스.

《팔레스타인 실험실: 이스라엘은 어떻게 점령 기술을 세계 곳곳에 수출하고 있는가》, 앤터니 로엔스틴 지음, 유강은 옮김, 소소의책.

《장벽 너머: 사라진 나라, 동독 1949-1990》, 카트야 호이어 지음, 송예슬 옮김, 서해문집.

《샌프란시스코 체제를 넘어서: 동아시아 냉전과 식민지·전쟁범죄의 청산》, 김영호 외 엮음, 메디치미디어.

《중동의 역사》, 버나드 루이스 지음, 이희수 옮김, 까치.

《유럽사 산책 1: 20세기, 유럽을 걷다》, 헤이르트 마크 지음, 강주헌 옮김, 옥당.

《유럽사 속의 전쟁》, 마이클 하워드 지음, 안두환 옮김, 글항아리.

《아프리카 쟁탈전: 지도를 바꿔 버린 유럽의 식민지 전쟁》, 기획집단 MOIM 글, 2da 그림, 그림씨.

언론사 및 웹사이트

〈KBS〉, 〈동아일보〉, 〈한겨레신문〉, 〈국민일보〉, 〈대전일보〉, 〈시사저널〉, 〈한겨레21〉

〈Wikimedia〉, 〈두산백과〉

그림 및 사진 출처

〈Wikimedia Commons〉

글 | 기획집단 MOIM

출판의 새로운 모색과 독자들과의 즐거운 소통을 위해 출판 기획자와 文문·史사·哲철 대중교양서 저술가, 번역가 등의 전문가들이 모인 기획집단입니다. MOIM은 우리말로 '교양을 갖춘 모든 사람을 모이게 한다', 영어로는 'Mozart's Imagination'의 줄임말로, 상상과 창의가 가득한 책을 내고자 하는 바람을 담고 있습니다. 그동안 펴낸 책으로《사기열전 1, 2》《고사성어랑 일촌 맺기》《브레히트의 서푼짜리 오페라》《비글호에서 탄생한 종의 기원》《갈리아 전기》《갈릴레이의 생애》《한자의 신》《패스트 패션》《아프리카 쟁탈전》《핵무기의 모든 것》등이 있습니다.

그림 | 신병근

디자인을 하면서 그림을 그리기 시작했고, 그림을 그리면서 디자인을 계속하고 있습니다. 몇 해 전부터는 도봉산과 수락산 언저리에서 마음 맞는 친구인 혜원, 주리와 디자인하고 그림 그리는 작업을 함께하고 있습니다. 그림을 그리고 디자인한 책으로는《모두 다 문화야》《부시맨과 레비스트로스》《시장과 가격 쫌 아는 10대》《불안 쫌 아는 10대》《영화보다, 세계사》《알면 약이 되는 약 이야기》《세상에서 가장 쓸모 있는 경제학》등 다수가 있습니다.

일러스토리아illustoria 시리즈 도서들

일러스트와 함께 보는,
현재 그리고 미래를 살아갈
우리가 반드시
알아야 할 이야기!

인류가 낳은
인류 파괴 BUTTON
핵무기의 모든 것

기획집단 MOIM 글 |
이크종 그림 |
176쪽 | 15,000원

★책씨앗 이달의 주목 신간(2023)

세상을 바꾼 87km
셀마 대행진

박정주 글 | 소복이 그림
160쪽 | 13,500원

★행복한아침독서 아침독서 추천도서 목록(청소년)
★제21회 대한민국 독서대회 지정도서
★한국어린이출판연합 이달의 꼭 만나볼 책

빠르게 만들고
빠르게 버리는 옷의 비밀
패스트 패션

기획집단 MOIM 글 | 이해정 그림
104쪽 | 13,500원

★서울특별시교육청 강서도서관 추천도서

지도를 바꿔 버린
유럽의 식민지 전쟁
아프리카 쟁탈전

기획집단 MOIM 글 | 2da 그림
160쪽 | 14,500원

★고래가 숨쉬는 도서관 신학기 추천도서
★월간 책씨앗 4월의 추천도서

광고의 역사부터
애드테크까지
광고의 모든 것

김재인 글 | 위수연 그림
152쪽 | 15,000원

끊이지 않는 전쟁,
갈등, 외교를 이해하는 지름길
지정학의 모든 것

기획집단 MOIM 글 | 이크종 그림
144쪽 | 15,000원

★전국지리교사모임 추천

인류 문명이 꽃핀
6,400km
실크로드

황동하 글 | 나수은 그림
104쪽 | 15,000원